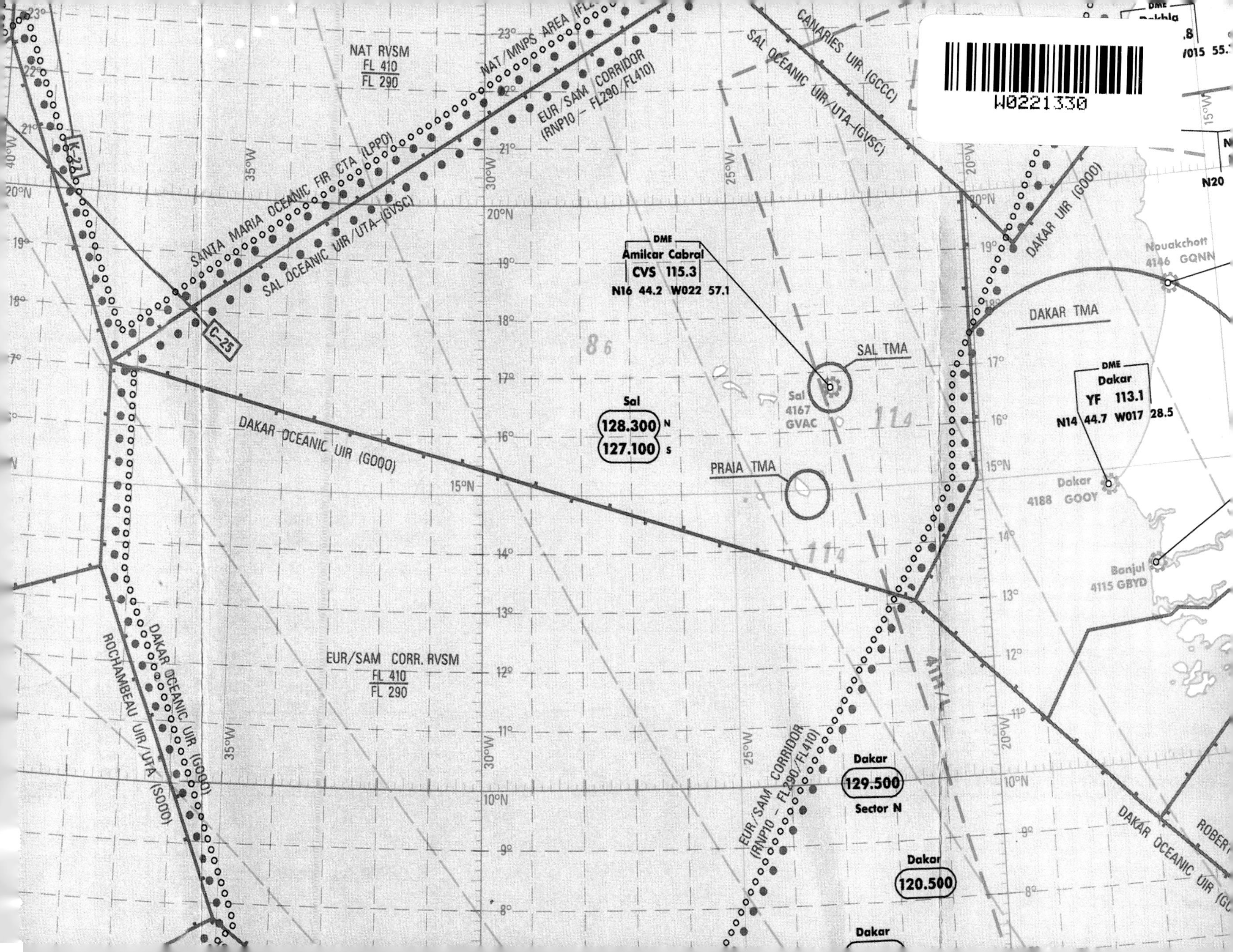
NAT RVSM
FL 410
FL 290
NAT/MNPS AREA
SANTA MARIA OCEANIC FIR CTA (LPPO)
SAL OCEANIC UIR/UTA (GVSC)
EUR/SAM CORRIDOR
(RNP10 – FL290/FL410)
CANARIES UIR (GCCC)
SAL OCEANIC UIR/UTA (GVSC)
K-27
C-25
DME
Amilcar Cabral
CVS 115.3
N16 44.2 W022 57.1
SAL TMA
Sal
4167
GVAC
Sal
128.300 N
127.100 S
PRAIA TMA
DAKAR OCEANIC UIR (GOOO)
DAKAR UIR (GOOO)
DAKAR TMA
Nouakchott
4146 GQNN
DME
Dakar
YF 113.1
N14 44.7 W017 28.5
Dakar
4188 GOOY
Banjul
4115 GBYD
EUR/SAM CORR. RVSM
FL 410
FL 290
DAKAR OCEANIC UIR (GOOO)
ROCHAMBEAU UIR/UTA (SOOO)
EUR/SAM CORRIDOR
(RNP10 – FL290/FL410)
Dakar
129.500
Sector N
Dakar
120.500
Dakar
DAKAR OCEANIC UIR
N20
W0221330

© Éditions ORPHIE
Imprimé en C.E.E
ISBN: 2-87763-194-X
Achevé d'imprimer : Janvier 2006
Dépôt légal: 1er trimestre 2006

GASTON

BALADE EN GUYANE

LA GUYANE EST UN DÉPARTEMENT D'OUTRE-MER (DOM) SITUÉ À 7000 KM DE LA FRANCE
LA FRANCE, VOUS SAVEZ, CE TOUT PETIT PAYS DES ETATS UNIS D'EUROPE

LES TOURISTES AIMENT BIEN VISITER LA FRANCE, MAIS ILS VONT NETTEMENT MOINS EN GUYANE, POURTANT SON PLUS GRAND DÉPARTEMENT (1/6 DE LA MÉTROPOLE)
LA GUYANE D'AMAZONIE... TERRE DES DERNIERS INDIENS, DU BAGNE ET DE LA FUSÉE ARIANE, FORMIDABLE VIVIER DE VIES ANIMALES, VÉGÉTALES ET HUMAINES...
... POURQUOI A-T-ELLE SI MAUVAISE PRESSE ?

QU'EST-CE QU'ON REPROCHE À LA GUYANE, FINALEMENT ?
SA FORÊT OMNIPRÉSENTE, ANTHROPOPHAGE...
SES BESTIOLES RAMPANTES, PIQUANTES ET DÉVORANTES...
SES MOUSTIQUES AUX MILLE GERMES MALSAINS...
...SON MANQUE DE STRUCTURES TOURISTIQUES

SES BILLETS D'AVION ENCORE TROP CHERS
SON CIEL LOURD, GORGÉ D'ORAGES...
SON BAGNE, ET SON PASSÉ LOURD DE SOUFFRANCES...
SON OCÉAN OPAQUE, SON CLIMAT HERMÉTIQUE...
.. ALORS?..
SI ON ALLAIT VOIR SUR PLACE, POUR SE RENDRE COMPTE ?

L'AMÉRIQUE DU SUD...
PAS COMPLIQUÉE A TROUVER : JUSTE EN DESSOUS DES U.S.A., QUI SONT COMME CHACUN SAIT AU CENTRE DU MONDE
COSTA RICA
PANAMA
VENEZUELA
GUYANA
SURINAM
GUYANE
COLOMBIE
ÉQUATEUR
PÉROU
BRÉSIL
BOLIVIE
CHILI
PARAGUAY
ARGENTINE
URUGUAY
Océan Pacifique
Océan Atlantique
CUBA
ANTILLES FRANÇAISES
NICARAGUA
COSTA RICA
PANAMA
COLOMBIE
VENEZUELA
EQUATEUR
PÉROU
OCÉAN PACIFIQUE
UN DEMI-CONTINENT DE FORÊT
BOLIVIE
CHILI

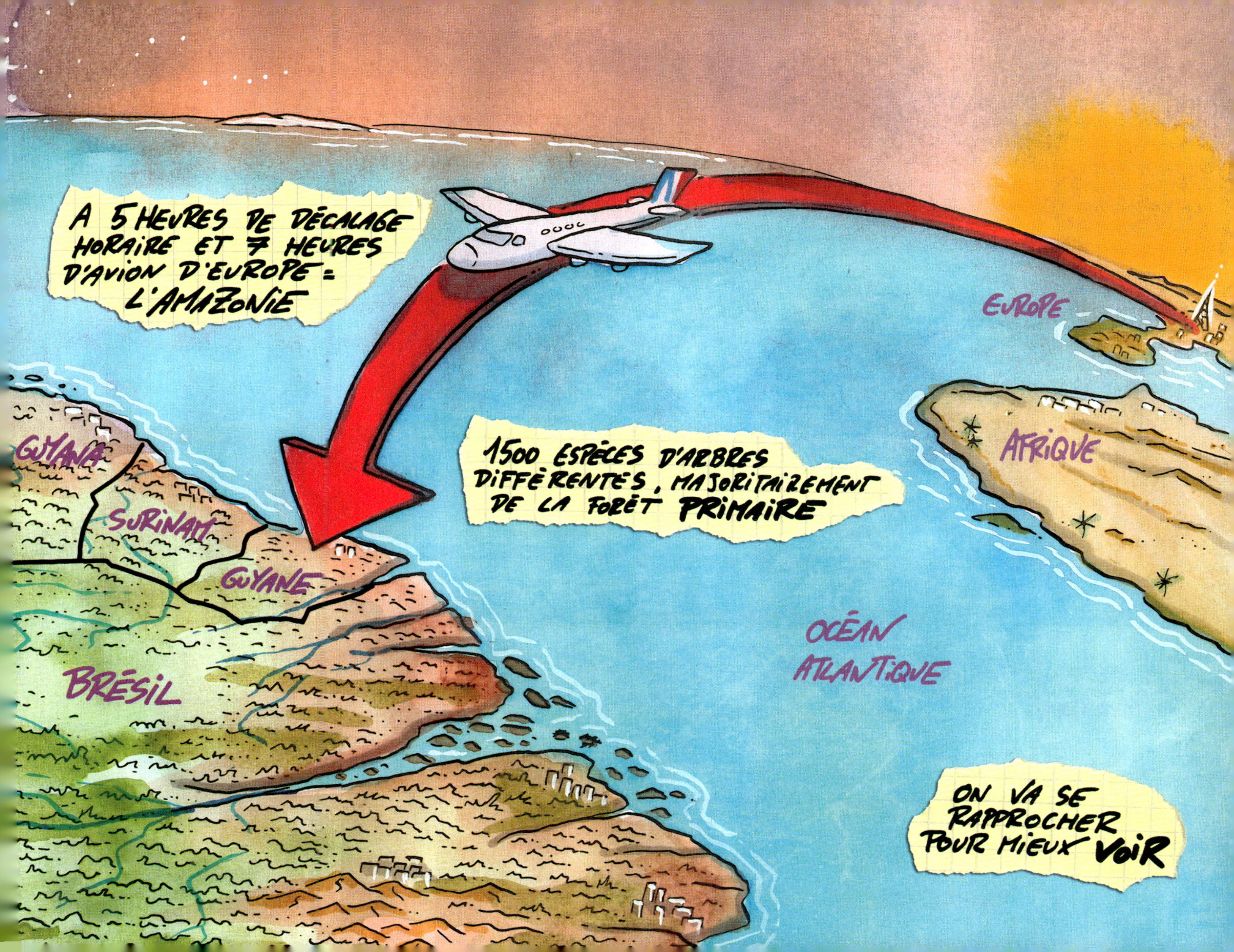
A 5 HEURES DE DÉCALAGE HORAIRE ET 7 HEURES D'AVION D'EUROPE = L'AMAZONIE
EUROPE
AFRIQUE
GUYANA
SURINAM
GUYANE
BRÉSIL
1500 ESPÈCES D'ARBRES DIFFÉRENTES, MAJORITAIREMENT DE LA FORÊT PRIMAIRE
OCÉAN ATLANTIQUE
ON VA SE RAPPROCHER POUR MIEUX VOIR

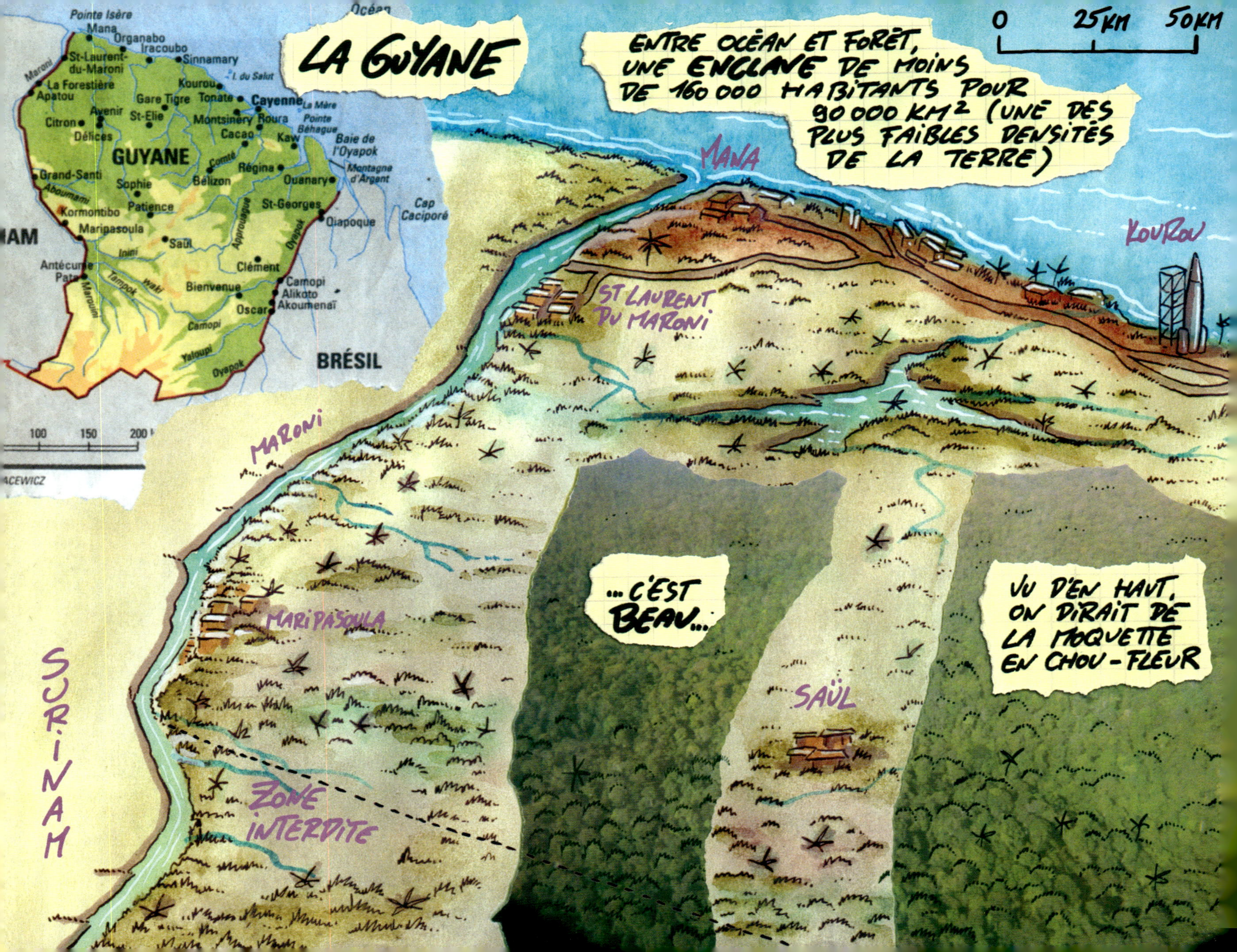
LA GUYANE
ENTRE OCÉAN ET FORÊT, UNE ENCLAVE DE MOINS DE 160 000 HABITANTS POUR 90 000 KM² (UNE DES PLUS FAIBLES DENSITÉS DE LA TERRE)
0 25 KM 50 KM
MANA
KOUROU
ST LAURENT DU MARONI
MARONI
MARIPASOULA
SURINAM
ZONE INTERDITE
SAÜL
... C'EST BEAU...
VU D'EN HAUT, ON DIRAIT DE LA MOQUETTE EN CHOU-FLEUR
GUYANE
BRÉSIL
Océan
Pointe Isère
Mana
Organabo
Iracoubo
Sinnamary
St-Laurent-du-Maroni
La Forestière
Apatou
Kourou
Tonate
Cayenne
Gare Tigre
Avenir
St-Elie
Montsinery
Roura
Cacao
Kaw
Citron
Délices
Baie de l'Oyapok
Régina
Grand-Santi
Sophie
Bélizon
Ouanary
Montagne d'Argent
Patience
St-Georges
Kormontibo
Oiapoque
Cap Caciporé
Maripasoula
Saül
Clément
Antécume Pata
Camopi
Alikoto
Akoumenaï
Bienvenue
Oscar
100 150 200

AU NORD SE TROUVENT LES TERRES BASSES : 6% DU TERRITOIRE POUR 80% DE LA POPULATION. C'EST LÀ QUE SE TROUVENT LES QUELQUES VILLES, RELIÉES PAR L'UNIQUE AXE ROUTIER DE GUYANE...
PLUS AU SUD : LES TERRES HAUTES, INTÉGRALEMENT RECOUVERTES DE FORÊT, COMPRENANT LA ZONE INTERDITE, RÉSERVÉE AUX AMERINDIENS
ÎLES DU SALUT
CAYENNE
OYAPOCK
BRÉSIL
QUATRE SAISONS :
- NOVEMBRE/FEVRIER : PETITE PLUIE
- MARS : PETITE SAISON SÈCHE
- AVRIL/JUILLET : SAISON DES PLUIES
- JUILLET/NOVEMBRE : SAISON SÈCHE (CANICULE EN OCTOBRE)
NOUS ARRIVONS A CAYENNE...

CAYENNE
ROYAL! DES PALMIERS... POUR DE VRAI
IL NE FAIT PAS SI CHAUD QUE ÇA, FINALEMENT... UN PEU LOURD, MAIS LARGEMENT SUPPORTABLE
PAS DE TOURISTES PAS DE CHASSE-TOURISTES ... CE BONHEUR!
CAYENNE PLACE DES PALMISTES...
C'EST PAS MAL, LA FRANCE, VU SOUS CET ANGLE...

LA GUYANE EST UN ARC-EN CIEL D'ETHNIES : ON Y TROUVE DE TOUTES LES COULEURS
VILLE DE CAYENNE
Anse de l'Hôpital
A. Horth
Prison
Hôpital J. Martial
Schoelcher
Direction PTT
PRÉFECTURE
Conseil Général
St-François
Rue Fiedmond
R. Guisan
Léopold
Lycée
Mme
AIR FRANCE
Héder
Payée
Place des Palmistes
Ave Thiès
Rue L-Gontrand Damas
Cathédrale
La louette
Goinet
Gaulle
R. des casernes
Rectorat de Guyane
Douane
Le Port
Fort Cépérou
P.T.T. Mairie
Musée
Rue Molé
Avenue
Police
Ch.
Colomb
Becker
du Gl.
de
Arago
Catayée
Rue du XIV Juillet
Rue du Canal de l'Est
Rue Rougel
Rue F. Eboué
Rue Cap
Rue Dr Barrat
Bernard
Brassé
Rue Lt.
Liberté R.D
Liberté R.G.
EDF
Rémire
Rue
portal
Malouet
Monnerville
Place du Coq
Rue G
Rue Mentel
Gare Routière
Rue du Vieux Port
R. Ste Rose
Pl. Schoelcher
Avenue
LES COLONIES ONT LAISSÉ DE BIEN JOLIES TRACES

LES CRÉOLES
LES CRÉOLES SONT MAJORITAIRES (40% DE LA POPULATION) ET VIVENT SURTOUT DANS LES VILLES. ILS MONOPOLISENT LES SECTEURS ADMINISTRATIFS ET POLITIQUES
ZOUK ZOUK
IL Y A LES CRÉOLES GUYANAIS, MÉTIS DES ANCIENS ESCLAVES LIBÉRÉS...
GET MANMAN OU
PA'OU
... ET IL Y A LES CRÉOLES ANTILLAIS, QUI VIENNENT DES ÎLES VOISINES (MARTINIQUE ET GUADELOUPE)
ATTENTION: NE PAS LES CONFONDRE. SI ON VEUT DEVENIR COPAIN AVEC, ET LE RESTER...

ICI, TOUT EST CHER, CAR TOUT EST IMPORTÉ...
SAUF LES DÉFONCES
RHUM
LA PAUVRETÉ N'A PAS DE COULEUR
T'AS PAS UN EURO OU DEUX ?
JE SUIS MALADE
(AGNÈS)
... J'AI PRIS TROP DE SALOPERIES
MAIS ÇA AURAIT PU ÊTRE PIRE...
T'IMAGINES, SI JE VIVAIS EN MÉTROPOLE ?
LA MISÈRE EST PLUS DOUCE AU SOLEIL
PEU D'HOTELS, DONC, ET CHERS... MAIS ON PEUT TROUVER DES MÉTROS QUI PARTENT RESPIRER LE CARBONE DE LEUR TERRE NATALE ET VOUS CONFIENT LEUR COIN DE PARADIS
(LE PIED-À-TERRE IDÉAL)
(PLAGE DE REMIRE-MONTJOLY)
MERCI POUR ÇA, HÉLÈNE ET YANNIG...

LES GUYANAIS
J'AI L'IMPRESSION DE CHANGER DE NATIONALITÉ ...
J'ÉTAIS FRANÇAIS, ME VOILÀ MÉTRO
LES CRÉOLES
LES PLUS NOMBREUX
LES MÉTROS (MÉTROPOLITAINS)
LES PLUS MUNIS
LES CHINOIS
LES PLUS COMMERÇANTS

SURINAMIENS ET LES BRÉSILIENS
LES PLUS VOISINS
LES HAÏTIENS
LES PLUS DÉMUNIS
LES HMONGS
LES PLUS FINS CULTIVATEURS
LES NOIRS MARRON
LES PLUS AFRICAINS
LES AMÉRINDIENS
LES PLUS ANCIENS

A PEINE NOËL ACHEVÉ, TOUT LE BON PEUPLE DE GUYANE S'AFFAIRE POUR LA PRÉPARATION DE LA PLUS GROSSE JAVA DE L'ANNÉE...
ON PRÉPARE LES COSTUMES
ON ASTIQUE LES INSTRU-MENTS
ON BRICOLE
L'ÉCOLE S'ARRÊTE
UN PEU D'ENTRAINEMENT PHYSIQUE ...
...MUSICAL
...ET DÈS QUE TOUT LE MONDE EST PRÊT ...

... C'EST CARNAVAL !!
CHEZ NANA
les touloulous mettent le feminisme ... à l'honneur
ce sont elles qui invitent les hommes à danser... gare aux épouses déguisées !!
LE CARNAVAL EST LA SOUPAPE DE LA COCOTTE-MINUTE GUYANAISE - TOUTES LES ETHNIES CONFONDUES SE MÉLANGENT POUR UNE VASTE ET LONGUE FIESTA... LÀ, ON RÉALISE QUE LA GUYANE EST BIEN SUD-AMÉRICAINE
(IMPORTANT PIC DE FÉCONDITÉ APRÈS CETTE PÉRIODE)
SI ON FAIT UN GARÇON
... ON L'APPELLERA RENAULT ?

LES MÉTROS
MÉTRO = MÉTROPOLITAIN = BLANC
LES MÉTROS DE GUYANE (ENVIRON 20% DE LA POPULATION) SONT PLUTÔT PLUS SYMPAS QUE CEUX DE FRANCE (SOLIDARITÉ DE CASTE?)
IL Y A CEUX QUI VIENNENT BOSSER ET QUI SE FOUTENT PARFOIS DU PAYS ...
ARIANE 5
... CEUX QUI VIENNENT SE LA COULER DOUCE
... LES AMOUREUX DE LA NATURE ET DE L'AVENTURE
BEAUCOUP VIENNENT ICI VIVRE UN RÊVE OU FUIR UN CAUCHEMAR ...
GUYANE, TERRE DE DIVORCE
... LES BRÉSILIENNES SONT LARGEMENT À LA HAUTEUR DE LEUR RÉPUTATION
LA GUYANE, ON AIME OU ON DÉTESTE.. ... QUAND ON AIME, C'EST POUR LA VIE...

A CHACUN SON UTOPIE : Y'A MÊME UN FÊLÉ QUI A CONSTRUIT SON CHATEAU "SEIGNEUR DES ANNEAUX", EN PLEINE FORÊT, AVANT DE REPARTIR →

Bougies et féerie au château de Cacao

L'idée était folle. Elle a pourtant été l'occasion d'un beau spectacle. Le seigneur du château de Cacao l'a illuminé de nombreuses bougies vendredi, à la nuit tombée

SE DÉPLACER
PEU DE BUS, PAS DE TRAINS... LES MOYENS DE LOCOMOTION EN GUYANE SONT LIMITÉS. LES TAXI CO: (LLECTIFS) SONT COURAMMENT UTILISÉS POUR SILLONNER L'UNIQUE AXE ROUTIER
BÂH...
J'SUIS FAUCHÉ, DONC RADIN ... J'FAIS DU STOP TANT QUE J'AI UNE TÊTE ENCORE PRÉSENTABLE
IL Y A NOS COPAINS D'AIR GUYANE
INDISPENSABLE SERVICE PUBLIC (SAÜL, PAR EXEMPLE, N'EST ACCESSIBLE QUE PAR AVION
IL Y A LA PIROGUE...
... POUR LE FLEUVE, ET POUR LE PLAISIR

IL PLEUT ...
DIRE QU'IL PLEUT EN GUYANE EST UN PLÉONASME
80% D'HUMIDITÉ FAUT BIEN QUE ÇA VIENNE DE QUELQUE PART...
RÉGINA
LA GUYANE EST UNE GROSSE ÉPONGE VERTE

BOULOT, CHÔMAGE ET R.M.I.
LA GUYANE EST UN DES DÉPARTEMENTS FRANÇAIS LES PLUS TOUCHÉS PAR LE CHÔMAGE AVEC 20 A 25% DE DEMANDEURS D'EMPLOI DE PLUS QU'EN MÉTROPOLE. ET DEUX FOIS PLUS DE R.M.ISTES...
... SANS COMPTER LA TRÈS FORTE IMMIGRATION CLANDESTINE (20% DE LA POPULATION ILLÉGALE)
ENDARMERIE NATIONALE
AGENCE POSTALE
ANPE
AGENCE NATIONALE POUR L'EMPLOI
CARTE DE DEMANDEUR D'EMPLOI
APATOU

IL FAUT DIRE QUE LE MARONI ET L'OYAPOCK, FLEUVES-FRONTIÈRES NATURELS AVEC LE SURINAM ET LE BRÉSIL, SONT DE VRAIES PASSOIRES À CLANDESTINS
POUR LE PRIX D'UN TRAVAILLEUR GUYANO-FRANÇAIS, ON PEUT FAIRE BOSSER DIX SUD-AMÉRICAINS
PFFF...
AUJOURD'HUI, L'ELDORADO A CHANGÉ DE NOM.... AUJOURD'HUI, IL S'APPELLE C.A.F. OU R.M.I.

LES HMONGS
LES HMONGS SONT ARRIVÉS DU LAOS À PARTIR DE 1977, ILS SONT VENUS REMPLACER LES SURINAMAIS, QUI NE POUVAIENT PLUS S'OCCUPER DE LA TERRE GUYANAISE, POUR CAUSE DE FOUTAGE SUR LA GUEULE CHEZ EUX ...
.. CE SONT DES CULTIVATEURS D'EXCEPTION, MAIS MOINS BONS COMMERÇANTS QUE LES CHINOIS ...
... CE QUI NE LES EMPÊCHE PAS D'ÊTRE PLEIN DE SOUS, MALGRÉ LEUR APPARENCE DÉPOUILLÉE...

CACAO EST UN DES RARES VILLAGES HMONGS DE GUYANE...
... IMPRESSION D'ÊTRE SUR UN AUTRE CONTINENT...

PETITE HISTOIRE DE LA GUYANE
1499 : L'ESPAGNOL VICENTE YANEZ PINCON DÉCOUVRE LA GUYANE... LES AMÉRINDIENS Y VIVENT DÉJÀ DEPUIS 1500 ANS
1604 : DÉBUT DE LA COLONISATION. PAS ÉVIDENT...
1633 : L'ESPAGNE ET LE PORTUGAL SE PARTAGENT L'ESSENTIEL DE L'AMÉRIQUE DU SUD, LAISSANT DES MIETTES AUX AUTRES PAYS D'EUROPE. LA FRANCE HÉRITE AINSI DE LA GUYANE
1643 PONCET DE BRETIGNY FONDE CAYENNE
1652 : LA COLONISATION EST DIFFICILE SUR CETTE TERRE RUDE. DES ESCLAVES SONT ACHEMINÉS D'AFRIQUE COMME MAIN-D'OEUVRE

1763 EXPEDITION DE KOUROU: POUR REMETTRE EN VALEUR LA GUYANE, ON ENVOIE 16000 VOLONTAIRES LA REPEUPLER. ILS MOURRONT QUASIMENT TOUS DE MALADIES DÉGUEU
LES ETHNIES SE MULTIPLIENT, LES GALÈRES AUSSI...
CERTAINS S'ÉVADENT: CE SONT LES PREMIERS MARRONS
1789: RÉVOLUTION FRANÇAISE. RÉORGANISATION DE LA GUYANE. CAYENNE DEVIENT MUNICIPALITÉ EN 1790
1794: PRÉMIÈRE ABOLITION DE L'ESCLAVAGE. LA COLONIE EST RUINÉE, FAUTE DE MAIN D'OEUVRE LA GUYANE VÉGÈTE. SA RÉPUTATION EST LÉGÈREMENT POURRIE...
EN JACHÈRE

HISTOIRE DE LA GUYANE : SUITE

1809 : LES PORTUGAIS OCCUPENT LA GUYANE ET LA RENDENT PLUS PROSPÈRE, AVANT DE LA RESTITUER AUX FRANÇAIS EN 1817

NAPOLÉON, À LA DEMANDE DE SA FEMME (SYMPA) RÉTABLIT L'ESCLAVAGE

1848 : ABOLITION DÉFINITIVE DE L'ESCLAVAGE

1852 : LA GUYANE COÛTE PLUS QU'ELLE NE RAPPORTE. C'EST ALORS L'ÈRE DU BAGNE... 60.000 FORÇATS VIENDRONT Y TRAINER LEURS CHAINES ...LA RÉPUTATION DE LA GUYANE EST AU PIRE

1854

ON A TROUVÉ DE L'OR !! ATTIRANT AVENTURIERS DE TOUT POIL, LA GUYANE DEVIENT UN FAR-WEST À L'ÉCONOMIE CHAOTIQUE

1914 : ON SE SOUVIENT QUE LES GUYANAIS SONT FRANÇAIS, POUR LES ENVOYER AU CASSE-PIPE, DANS UN PAYS OU ILS NE CONNAISSENT RIEN
MAIRIE
1945 : FIN DE LA GUERRE DÉPARTEMENTALISATION DE LA GUYANE, QUI SE MET AU DIAPASON DU RESTE DE LA FRANCE. LES GOUVERNEURS VÉREUX SONT VIRÉS
1965 : LA CRÉATION DU CENTRE SPATIAL DE KOUROU EN FAIT SON D.O.M. LE PLUS RENTABLE
ARIANE
2002 GASTON VISITE LA GUYANE

LA VÉRITABLE STAR DE GUYANE, C'EST
LE BAGNE
TERRE DE PARADIS, DEVENUE TERRE DE CAUCHEMAR...
RECLUSION
... CET ABATTOIR À CHAIR HUMAINE A DÉBARRASSÉ LA FRANCE DE SA RACAILLE PENDANT PLUS DE 100 ANS...
...DÈS 1854
POURQUOI ÉTAIT-IL RÉPUTÉ, SI DUR, CE BAGNE ?
À L'ÉPOQUE, ON POUVAIT SE RETROUVER ICI POUR UN SIMPLE CAMBRIOLAGE

PAPILLON, DREYFUS, SEZNEC AVAIENT DE LA CHANCE...
FLEURY-MÉROGIS EST BIEN PLUS SINISTRE..
PARADOXE : CE QUI A FAIT LA SALE RÉPUTATION DE LA GUYANE DEVIENT SON PRINCIPAL ATTRAIT TOURISTIQUE

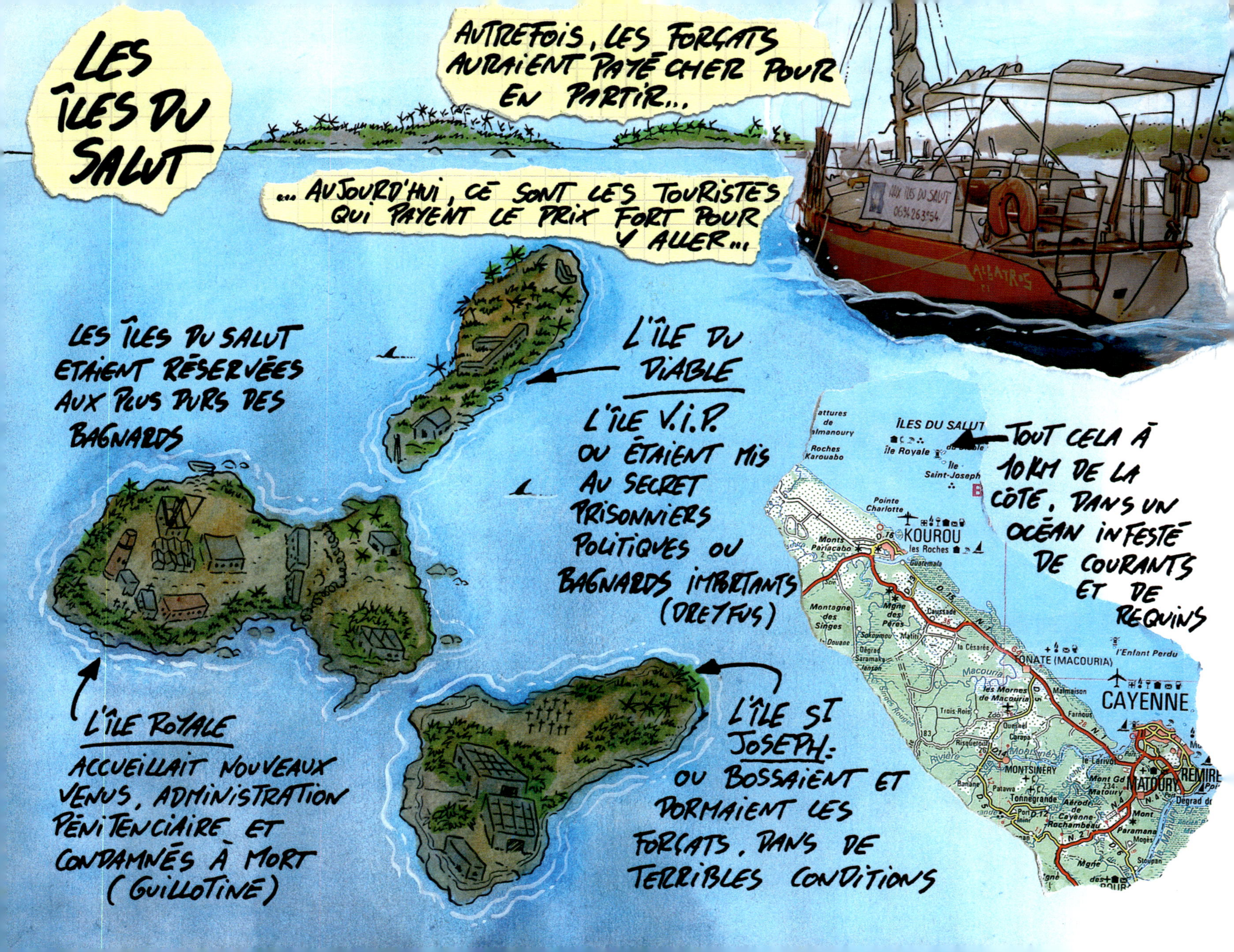
LES ÎLES DU SALUT
AUTREFOIS, LES FORÇATS AURAIENT PAYÉ CHER POUR EN PARTIR...
... AUJOURD'HUI, CE SONT LES TOURISTES QUI PAYENT LE PRIX FORT POUR Y ALLER...
LES ÎLES DU SALUT ÉTAIENT RÉSERVÉES AUX PLUS DURS DES BAGNARDS
L'ÎLE DU DIABLE
L'ÎLE V.I.P. OÙ ÉTAIENT MIS AU SECRET PRISONNIERS POLITIQUES OU BAGNARDS IMPORTANTS (DREYFUS)
L'ÎLE ROYALE
ACCUEILLAIT NOUVEAUX VENUS, ADMINISTRATION PÉNITENCIAIRE ET CONDAMNÉS À MORT (GUILLOTINE)
L'ÎLE ST JOSEPH:
OÙ BOSSAIENT ET DORMAIENT LES FORÇATS, DANS DE TERRIBLES CONDITIONS
TOUT CELA À 10KM DE LA CÔTE, DANS UN OCÉAN INFESTÉ DE COURANTS ET DE REQUINS
ÎLES DU SALUT
Île Royale
Île Saint-Joseph
KOUROU
TONATE (MACOURIA)
MONTSINÉRY
CAYENNE
MATOURY
REMIRE

VOICI L'ÎLE DU DIABLE. VUE DE L'ÎLE ROYALE
CLASSE, HEIN ?
QUAND UN BAGNARD MOURRAIT, IL AVAIT DROIT À UN SAC DE TOILE POUR LINCEUL, UNE GROSSE CAILLASSE COMME PIERRE TOMBALE, ET QUELQUES REQUINS COMME CURÉS FAISAIENT L'AFFAIRE...
... ILS SAVAIENT VIVRE. À L'ÉPOQUE ...

UNE ÎLE DÉSERTE
ICI, ON PEUT VIVRE SON TRIP "ROBINSON CRUSOE"
AAH
NOUS Y VOILÀ!
UNE ÎLE DESERTE, C'EST COMME LA CAMPAGNE ...
AU DÉBUT, C'EST SUPER ...
ET PUIS ON SE FAIT VITE SUER..
PFF
MARRE DE ME BAIGNER
PAS UN CINOCHE
ÇA MANQUE DE FILLES...
RIEN À LIRE, RIEN À FAIRE
PFF
C'EST UN TRUC POUR AUTISTES, LES ÎLES DÉSERTES ...
DIS DONC, TOI !!
FINI DE PARLER FORT?
..C'EST UNE ÎLE DÉSERTE PUBLIQUE, ICI...

LE COCOTIER
LE COCOTIER, C'EST PIRE QUE LA MAUVAISE HERBE
ÇA PROLIFÈRE PLUS VITE QUE LES LAPINS..
...LÀ OÙ IL POUSSE, RIEN D'AUTRE NE POUSSE
SA NOIX FOURNIT LE BOIRE ET LE MANGER ...
..A CONDITION DE SAVOIR LA CUEILLIR (LE TRUC : ÊTRE COPAIN AVEC UN SINGE)
LES BAGNARDS FABRIQUAIENT DES RADEAUX AVEC, POUR SE TAILLER

LE HAMAC
LE HAMAC N'EST PAS QU'UNE INSTITUTION, IL EST SURTOUT UNE NÉCESSITÉ, FAUTE D'HÔTELS
UN PEU PARTOUT, IL EXISTE DES CARBETS DE PASSAGE POUR S'ACCROCHER
ET LA FORÊT, C'EST PLEIN D'ARBRES
LE HAMAC, C'EST DÉJÀ L'AVENTURE

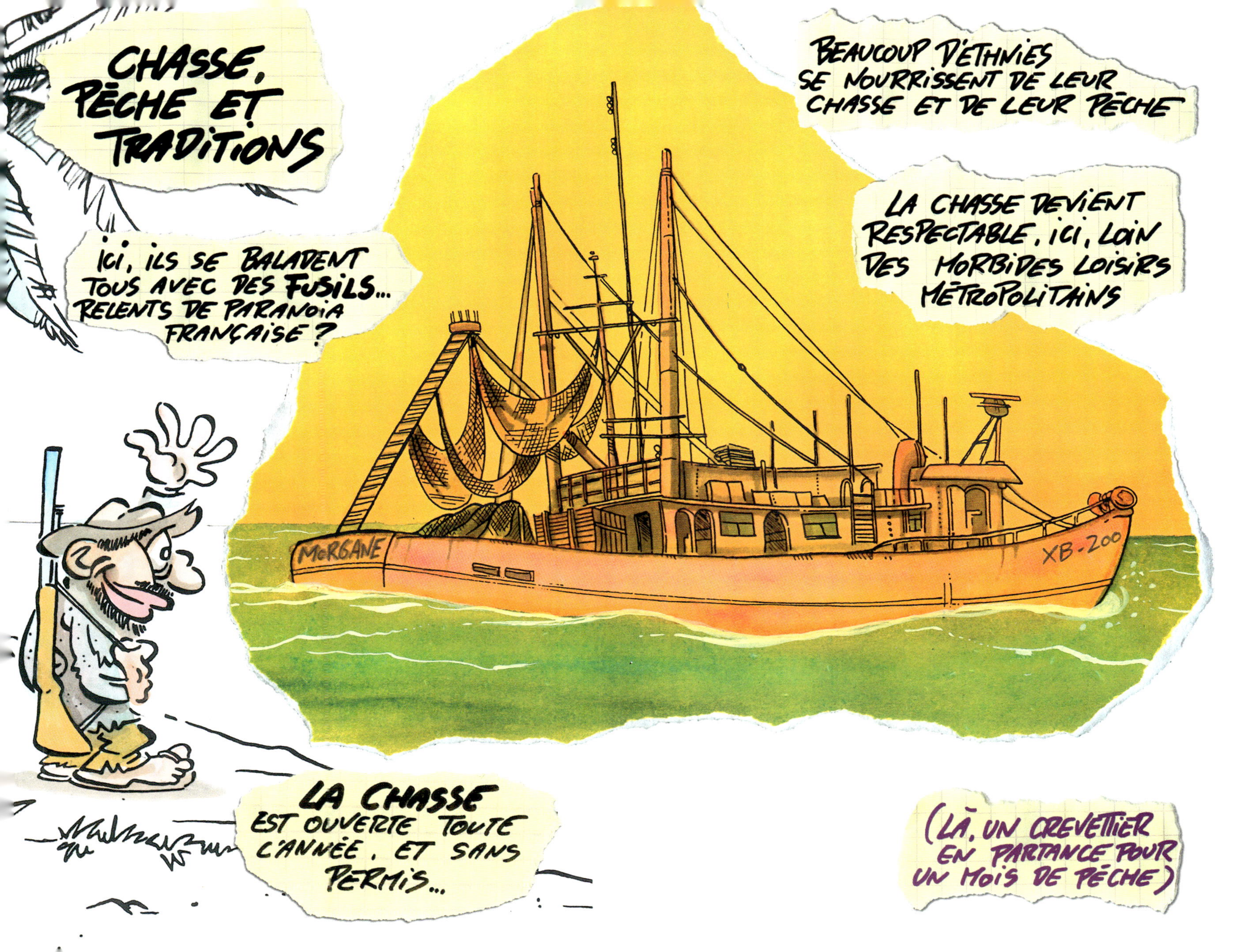
CHASSE, PÊCHE ET TRADITIONS
ICI, ILS SE BALADENT TOUS AVEC DES FUSILS... RELENTS DE PARANOÏA FRANÇAISE ?
BEAUCOUP D'ETHNIES SE NOURRISSENT DE LEUR CHASSE ET DE LEUR PÊCHE
LA CHASSE DEVIENT RESPECTABLE, ICI, LOIN DES MORBIDES LOISIRS MÉTROPOLITAINS
MORGANE
XB-200
LA CHASSE EST OUVERTE TOUTE L'ANNÉE, ET SANS PERMIS...
(LÀ, UN CREVETTIER EN PARTANCE POUR UN MOIS DE PÊCHE)

LES NOIRS MARRONS
QU'ILS SOIENT BUSHINENGE. BONIS, DJUKAS, SARAMACAS. LES NOIRS MARRONS SONT TOUS D'ORIGINE AFRICAINE. ILS VIVENT SURTOUT EN FORÊT OU AU BORD DU FLEUVE...
..CE SONT LES DESCENDANTS DES ESCLAVES QUI SE RÉVOLTAIENT ET S'ENFUYAIENT EN FORÊT (MARRONAGE)
FIERS ET SAUVAGES. ILS PARLENT LE TAKI-TAKI. SOUVENT POLYGAMES. ILS ONT CONSERVÉ LES MOEURS DE LEURS TRIBUS D'ORIGINE... SYMPAS COMME DES AFRICAINS, MAIS FAUT PAS TROP LES CHATOUILLER QUAND MÊME

L'ABATTIS
COMMENT PLANTER QUELQUE CHOSE EN PLEINE FORÊT ?
FACILE!
... ON COMMENCE PAR TAILLER LES P'TITS ARBRES..
.. PUIS LES GROS
... ON LAISSE SÉCHER...
ON FOUT LE FEU...
A PEINE ÉTEINT: ON SÈME..
ET ÇA POUSSE!
C'EST LA TECHNIQUE DE L'ABATTIS, VIEILLE COMME LE MONDE, ET QUI CONTINUE DE FAIRE SES PREUVES

LES ANIMAUX
LES ANIMAUX SONT PARTOUT, MAIS ON NE LES VOIT PAS...
..PAR CONTRE, EUX, ILS NOUS VOIENT
...ILS SURVEILLENT L'HOMME, SON PLUS FÉROCE PRÉDATEUR

LA DANGEROSITÉ DES ANIMAUX N'EST QUE PURE PHANTASMAGORIE...
LES BESTIOLES LES PLUS NOCIVES POUR L'HOMME? LE MOUSTIQUE ET LE POU D'AGOUTI..
POUR LES AUTRES : CHAPEAU A CEUX QUI LES APERÇOIVENT

LA FORÊT
LA FORÊT RECOUVRE 95% DU TERRITOIRE
DIFFICILE DE S'Y PROMENER VRAIMENT : TROP DENSE, TROP TOUFFUE
...LES BOIS SONT PEU EXPLOITABLES : TROP D'ESPÈCES DIFFÉRENTES

... ET PUIS LA FORÊT, ÇA FOUT LES JETONS. SURTOUT LA NUIT
RIEN QU'À DESSINER, ÇA FAIT UN PEU PEUR
LA FORÊT EST UN PHANTASME, UNE PHOBIE DE GOSSE..
QUAND ON Y VA SEUL, ON EN SORT TRAUMATISÉ OU BLINDÉ...
... SI ON EN SORT

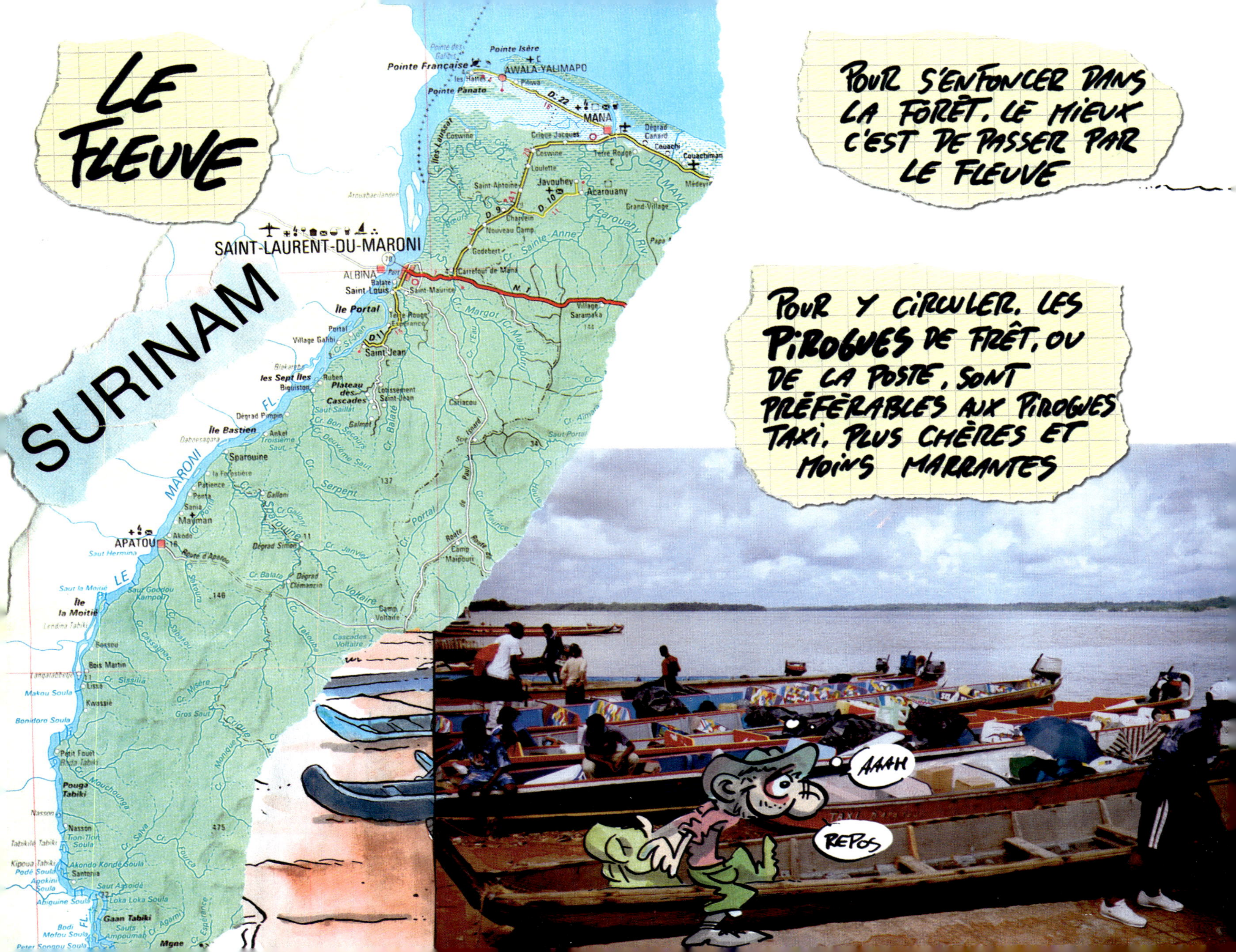

LE FLEUVE
POUR S'ENFONCER DANS LA FORÊT, LE MIEUX C'EST DE PASSER PAR LE FLEUVE
POUR Y CIRCULER, LES PIROGUES DE FRÊT, OU DE LA POSTE, SONT PRÉFÉRABLES AUX PIROGUES TAXI, PLUS CHÈRES ET MOINS MARRANTES
AAAH
REPOS
SURINAM
SAINT-LAURENT-DU-MARONI
ALBINA
Saint-Louis
Saint-Maurice
Île Portal
Saint-Jean
MANA
AWALA-YALIMAPO
Pointe Française
Pointe Isère
Javouhey
Acarouany
APATOU
Sparouine
Île la Moitié
MARONI

LES NOIRS MARRONS SONT LES MAITRES DU FLEUVE.. ATTENTION AU SOLEIL QUI COGNE ET À LA PLUIE QUI MOUILLE
IL FAUT EN GROS 3 JOURS POUR DESCENDRE AU BOUT DU PAYS, AUX LIMITES DE LA ZONE INTERDITE, LÀ OU IL N'Y A PLUS QUE DES AMÉRINDIENS
PRESQUE AUCUN DANGER SUR LE FLEUVE ...
... QUELQUES COURANTS, DES PIRANHAS ET DES CAÏMANS, MAIS PAS BEAUCOUP...
... DE LA RIGOLADE

L'AVENTURE
Si on n'a pas la trouille de ce qu'on ne connait pas...
Si on aime voyager crado, manger des racines, dormir dans la flotte, se promener avec des armes...
Si on aime avoir chaud, si on aime avoir peur...
Si on aime les voyages, mais qu'on n'aime pas ce tourisme...

MAYENNE 7060 KM
LUCON 6951 KMS
LUMBRES 7351 KMS
ANGERS 7024 KMS
NARBONNE 7021 KM
ORLEANS 7216 KMS
MACON 7348 KMS
BAYONNE 6770 KMS
BELLEY 7392 KMS
SI ON AIME ETRE LOIN DE CHEZ SOI
SI ON AIME SE PERDRE EN FORÊT, SI ON RÊVE DE TROUVER DE L'OR...
SI ON AIME LES GENS, LES ANIMAUX, LA NATURE...
SI ON EST PRÊT À SE LAISSER ENSORCELER PAR UNE NYMPHETTE TOUTE BRONZÉE
... ALORS OUI, ON EST BIEN À SA PLACE EN GUYANE

LA ZONE INTERDITE
AU SUD DES TERRES HAUTES, IL EXISTE UNE ZONE OU IL EST IMPOSSIBLE D'ENTRER SANS PERMIS PRÉFECTORAL
CETTE ZONE, SURTOUT ACCESSIBLE EN PIROGUE, A ÉTÉ ISOLÉE POUR PROTÉGER LES TRIBUS AMÉRINDIENNES DE TOUTES LES NUISANCES DES BLANCS (MALADIES, ALCOOL, SOCIÉTÉ DE CONSOMMATION)
LÀ
EQUATEUR
AMÉRIQUE DU SUD
OCEAN ATLANTIQUE
AWALA - YALIMAPO
MANA
FLEUVE MARONI
ST LAURENT
IRACOUBO
SINNAMARY
ILES DU SALUT
KOUROU
CAYENNE
ROURA
KAW
RIV. COMTÉ
CACAO
REGINA
FLEUVE MANA
APPROUAGUE
ST GEORGES
MARIPASOULA
SAUL
SURINAME
FLEUVE OYAPOCK
BRESIL
1/3 ENVIRON DE LA GUYANE EST SOUS SURVEILLANCE POLICIÈRE

LES AMÉRINDIENS

ILS FURENT LES **PREMIERS** HABITANTS DE LA GUYANE. ASSEZ RÉSERVÉS, VOIRE CRAINTIFS, ILS NE SONT JAMAIS BELLIQUEUX, QU'ILS SOIENT GALIBIS, WAYANAS OU EMERILLONS

POUR ÊTRE COPAINS AVEC EUX, LE **FOOT** RESTE LE GRAND FÉDÉRATEUR UNIVERSEL

AUTRE MOYEN : LE **CACHIRI**.

RACINES DE MANIOC + EAU + 1 CRACHAT POUR LA FERMENTATION

2% D'ALCOOL MAIS MURGE ASSURÉE...

BRASIL
A UNE HEURE D'AVION DE CAYENNE, DE L'AUTRE COTÉ DE L'OYAPOCK, SE TROUVE LE BRÉSIL ET LES MAGNIFIQUES BRÉSILIENS...
ORDEM E PROGRESSO
LES BRÉSILIENS SONT GAIS, CHAUDS, VIVANTS. LA MUSIQUE EST OMNIPRÉSENTE
Brasil
Dos filhos deste solo és mãe gentil Pátria amada Brasil!
LES GENS N'ARRÊTENT JAMAIS DE JOUER AU FOOT, DANSER OU FAIRE L'AMOUR
VOILÀ UN PAYS AU FORT GOÛT DE "REVIENS-Y"... UN FUTUR CARNET DE VOYAGE?

DE L'OR !
ON PEUT SE FAIRE DE L'ARGENT DE POCHE EN CHERCHANT LES P'TITES PÉPITES, MAIS PAS FORTUNE
ELDORADO, EN ESPAGNOL, VEUT DIRE "LE DORÉ"
LA FIÈVRE S'EST UN PEU CALMÉE, ET LES ORPAILLEURS AUJOURD'HUI SONT SURTOUT BRÉSILIENS...
ÇA NE LEUR SUFFIT DONC PAS, L'OR DE "NOTRE" COUPE DU MONDE ?

KOUROU
LE C.S.G. (CENTRE SPATIAL GUYANAIS) SITUÉ À KOUROU, OCCUPE UN TERRAIN GRAND COMME LA MARTINIQUE
LE C.S.G. FAIT DE LA GUYANE UN D.O.M. TRÈS RENTABLE
...POUR COMBIEN DE TEMPS? LA CONCURRENCE EST RUDE
PARADOXE GUYANAIS: ICI, ARIANE V CÔTOIE LES PLUS VIEILLES ETHNIES DU MONDE
esa
cnes

LA FORÊT EST COMME LE DÉSERT: SI ON NE LA COMBAT PAS, ELLE FINIT PAR REPRENDRE SES DROITS
QUI AURA LE DERNIER MOT: LE GROS ARBRE OU LA GRANDE FUSÉE?
...MAIS REVENONS SUR TERRE..
...ET POURQUOI PAS: À LA MAISON?

FIN DE LA BALADE
LA FIN D'UN VOYAGE, C'EST COMME UNE PETITE MORT
MAIS IL NE FAUT SURTOUT PAS LE DIRE AUX GENS...
LA GUYANE MERITE SA RÉPUTATION, PAS SA MAUVAISE RÉPUTATION

CE SERAIT DOMMAGE. LA GUYANE EST SI CHOUETTE TELLE QU'ELLE EST
...SINON, ILS VONT TOUS VOULOIR VENIR
VOYAGER, C'EST GÉNIAL. VOYAGER EN GUYANE, C'EST ENCORE MIEUX...
ON REVIENDRA - FORCÉMENT.
...DÈS QU'ON SERA REPOSÉS
OPATB
NONREF/PEX

SPÉCIALES DÉDICACES

A HUGUES, MON ESPÈCE DE COMPAGNON DE ROUTE EN GUYANE ET CHOUINEUR PRÉFÉRÉ... A TOUS LES GUYANAIS...
A TOUS CEUX QUE NOUS AVONS RENCONTRÉS EN GUYANE, QUI NOUS ONT AIDÉ OU CASSÉ LES PIEDS : A HÉLÈNE, YANNIG ET BENJAMIN, QUI NOUS ONT FOURNI NOTRE Q.G. AU BORD DE L'EAU. A JEFF LE PREMIER. A DANIEL DE "FRANCE-GUYANE", A DANIEL DE CACAO. A TOUS LES DANIELS DU MONDE, TIENS... A FABRICE, MONSIEUR "AIR GUYANE", NOTRE POTEAU, QUI NOUS A OFFERT LE MAGIQUE BRÉSIL. A TOUS CEUX QUI N'ONT PAS EU PEUR DES AUTO-STOPPEURS CRADOS : DOUANIERS, MATONS, ORPAILLEURS BRÉSILIENS,
A NOLWENN. A AXELLE. A YAMAH, EYO, JOSEPH ET TOUTE LA TRIBU DE KAYODE. TCHIN TCHIN KAÏCHIRI. A BERNARD LE BUSHI, SON ONCLE ET TOUS CEUX QUI NOUS ONT TRIMBALLÉS, FAIT CUIRE ET INONDÉS EN PIROGUE. A TOUS NOS COMPAGNONS DE CARBETS.
A ERIC, SA COQUE DE NOIX JAUNE ET SES TI'PUNCHS. AUX INTERNES DE L'ANCIEN HÔPITAL DE ST LAURENT DU MARONI, AVENTURIERS DU SUPPOSITOIRE.
AUX LÉGIONNAIRES DE KOUROU ET L'ÎLE ST JOSEPH. AU CURÉ DINGUE DE MARIPASOULA. A LA FILLE DU CAPITAINE. A GÉRARD, QUI A PERMIS CE RÊVE DE DESSINATEUR... A JACQUES L'AMAZONIEN ET SES FAUX DÉPARTS. A CAROL-ANN, MA CROQUETTE LOINTAINE ET MUSE PAR TEXTOS.
A MA FAMILLE DE TRAÎNE-SAVATES INTER-CONTINENTAUX.
A MAMAN JEANNE, QUI A ATTENDU QUE JE REVIENNE POUR PARTIR À SON TOUR.
A LUKA ET MORGANE, MES ÉTERNELLES DÉDICACES
... AMOUR ÉTERNEL...

... MERCI À TOUS...

TEXTES, DESSINS ET PHOTOS : GASTON
MAQUETTE ET MISE EN PAGE : LOLO
SPÉCIAL GUESTS : ESTELLE ET VIRGINIE

... AVEC L'AIMABLE PARTICIPATION PHOTOGRAPHIQUE DE HUGUES BEAUSARD ET JEAN-PAUL CLARENC.
MERCI À LA BIBLIOTHÈQUE DE CAYENNE, À "AIR-GUYANE" ET LE JOURNAL "FRANCE GUYANE" POUR LEUR AIDE.
LES CARTES UTILISÉES SONT DES I.G.N.
MERCI À "AIR FRANCE" POUR LA CARTE DU CIEL

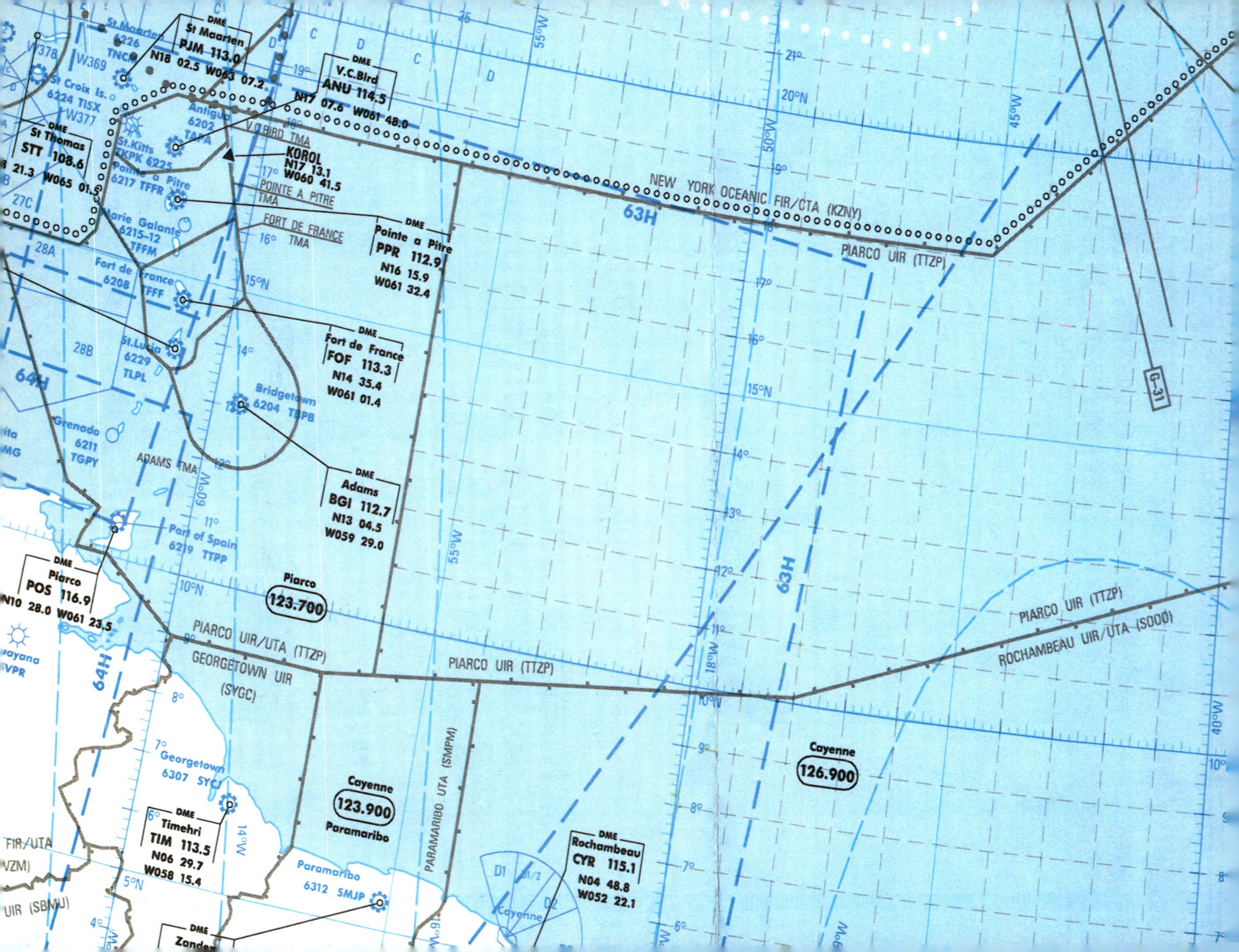

DME
St Maarten
PJM 113.0
N18 02.5 W063 07.2
St.Maarten
6226
TNCM
W378
W369
W377
St Croix Is.
6224 TISX
DME
St Thomas
STT 108.6
21.3 W065 01.5
DME
V.C.Bird
ANU 114.5
N17 07.6 W061 48.0
Antigua
6202
TAPA
V.C.BIRD TMA
St.Kitts
TKPK 6225
KOROL
N17 13.1
W060 41.5
Pointe a Pitre
6217 TFFR
POINTE A PITRE
TMA
FORT DE FRANCE
16° TMA
27C
Marie Galante
6215-12
TFFM
28A
Fort de France
6208 TFFF
DME
Pointe a Pitre
PPR 112.9
N16 15.9
W061 32.4
DME
Fort de France
FOF 113.3
N14 35.4
W061 01.4
28B
St.Lucia
6229
TLPL
64H
Bridgetown
6204 TBPB
Grenada
6211
TGPY
ADAMS TMA
DME
Adams
BGI 112.7
N13 04.5
W059 29.0
Port of Spain
6219 TTPP
DME
Piarco
POS 116.9
N10 28.0 W061 23.5
Piarco
123.700
PIARCO UIR/UTA (TTZP)
GEORGETOWN UIR
(SYGC)
PIARCO UIR (TTZP)
Georgetown
6307 SYCJ
DME
Timehri
TIM 113.5
N06 29.7
W058 15.4
FIR/UTA
UIR (SBMU)
Cayenne
123.900
Paramaribo
PARAMARIBO UTA (SMPM)
Paramaribo
6312 SMJP
DME
Zander
DME
Rochambeau
CYR 115.1
N04 48.8
W052 22.1
D1
D2
Cayenne
NEW YORK OCEANIC FIR/CTA (KZNY)
63H
PIARCO UIR (TTZP)
G-31
PIARCO UIR (TTZP)
ROCHAMBEAU UIR/UTA (SOOO)
Cayenne
126.900
63H
55°W
50°W
45°W
40°W
60°W
55°W
20°N
15°N
10°N